Sinn des Seins

Poesie des Erwachens
von
Fabijenna Lord

Herstellung und Verlag
BoD - Books on Demand, Norderstedt
ISBN: 9783752690460

Bibliografische Information der Deutschen Nationalbibliothek: Die Deutsche Nationalbibliothek verzeichnet diese Publikation in der Deutschen Nationalbibliografie;
detaillierte bibliografische Daten sind im Internet über dnb.dnb.de abrufbar.

Gewidmet allen Erwachenden!

Sinn des Seins erzählt uns von der Kraft
der Hoffnung, der Macht des Vertrauens,
von Freude genauso wie von
Schicksal und Reifung.
Hier finden wir uns Selbst wieder,
erkennen Zusammenhänge und lernen
unser Leben mit all seinen Herausforderungen
in seinem Sosein anzunehmen um damit einen
grundlegenden Schritt zu setzen
hinein in die Wandlung, den heilvollen Neubeginn.

Willkommen lieber Mensch
in meiner Welt der Worte,
lass Dich berühren, verzaubern,
erwecken und wandeln.

FSC
www.fsc.org
MIX
Papier aus ver-
antwortungsvollen
Quellen
Paper from
responsible sources
FSC® C105338

Voll der Wunder ist mir meine Welt,
voll des Lebens Schöpfungsgeist.
Bezaubernd, beglückend,
vielfältig, facettenreich
offenbart sich mir
bei Tag und Nacht
des Lebens Schönheit
der Gestirne tief bewegend Kraft,
beschenkt des Kosmos
Atem mich mit
Unsterblichkeit
und Sterne golden grüßen,
bewegt vom Takt der Zeit.
Und Galaxien tanzen
frei von Raum zu Raum
erschaffen Welten, Formen, Wesen
erfüllen in mir Traum um heilgen Traum
und meine Seele kann sie lesen
all die gottgesandten Zeichen.
Voll der Wunder ist mir meine Welt,
voll des Lebens Schöpfungsgeist,
der Liebe heilvoller Magie.

Und der Seele sanfter Atem
küsst die Seele mein,
behutsam, zärtlich,
so geborgen
darf ich in mir Zuhause sein.
Angelangt bin ich,
losgelöst von Bann und Zauber,
frei mein Geist
von Will und Muss
und des Friedens heilvoll Kuss
berührt voll Innigkeit mein Herz.
Angekommen bin ich,
als Mensch und Gotteskind,
erfüllt von der Sanftheit Melodie,
getragen zart in Lieb
von goldnen Engelwesen.
Und der Stille weicher Atem
küsst zart die Seele mein,
so behutsam, liebreich,
allumfassend,
darf ich in Dir mein Gott,
geborgen sein.

Und silberne Tränen
aus dem Herzen des Himmels fallen,
berührend, nährend, stärkend,
die Kinder des Einen,
die Auserwählten, die Retter,
unter uns allen.
Und goldene Tränen
aus den Quellen des Höchsten fallen,
erweckend, erinnernd, inspirierend,
die Wesen der Einheit,
die Berufenen, die lichtvollen Krieger,
unter uns allen.
Und violette Tränen
aus den Gnadenquellen der Lichtreiche fallen,
erlösend, heilend, vergebend,
um zu versöhnen,
zu einen uns alle.
Und gleißend weiße Sterne fallen
schneeflockengleich,
durch der Welten ungebändigten Sturm,
wirbeln, splittern, zerschellen
als lichtvolle Saaten des neuen Seins.

Belebend, keimend, entfaltend,
neue Planeten wunderreich.
Gebärend Universen der Vielfalt,
Visionen des Schöpfers pur.
Manifestierend der Seelen
lichtvoll Träume.
Erweckend hold zu neuem Sein,
der Galaxien vergessene Räume,
erschaffend Orte des Friedens
für alle Wesen.
Und Melodien heiler Harmonie,
schwingen durch das All,
klangvolle Boten der neuen Zeit.

Und die heilvollen Stimmen,
der göttlichen Schwestern
tönen durch den Weltenraum.
Erschüttern dunkle Machtstrukturen,
reißen all die Matrixträumer
aus ihrem scheinbar angenehmen Traum.
Und Melodien der Wahrhaftigkeit,
hallen durch die Räume der Ewigkeit.
Mahnen, erinnern
an den wahren Wert und Sinn,
an den Auftrag, die Vision des Anbeginns.
Sie erwecken
mit der lichtreich Macht,
der Liebe Same in allem Sein.
Rufen uns mit Friedensklang
in das Erwachen, in unsere Kraft.
Benennen unsere lichten Namen
unsere heile Schöpfermacht.
„Geliebt bist Du oh Kind des Lichtes.
Gesegnet ist Dein Dienst, Dein Sein!"

Und des Sommerregens
innig Duft,
steigt sanft empor
aus wilden Wiesen.
Berührt das Land
mit seinem Atemhauch,
erfrischt der Erdenmutter Angesicht
und alle ihre Wesen,
bereinigt, löst und segnet auch.
Und all die Erdenkinder
atmen innig ein
und all die wundervolle Schöpfung
erwacht in Kraft und Schönheit,
zu neuem wertvoll Sein.
Und ich steh hier,
genieße, seh nur zu,
finde Friede tief in mir
und all das Leben, Wachsen, Sein,
Erlösung und gesegnet Neubeginn.

Voll Freude tanzt der Seele lichtvoll Wesen
durch des Lebens bunte Vielfalt-Welten,
inspiriert, erschafft,
befähigt all die Menschenwesen,
so viel mehr zu sein als sie erahnen.
Ruft sie auf sich zu entfalten,
die Masken der Verfälschung
zu enttarnen.
Erinnert sie,
aus sich heraus das Sein zu wirken,
das dem wahren Selbst entspricht.
Voll Freude tanzt der Seele lichtvoll Wesen
durch des Geistes magisch Zauberreich
berührt das dürstend Herz
der Menschenwesen,
entfaltet Ziel um Ziel,
der Sehnsucht, Hoffnung,
der reinen Absicht
heile Kraft so wirkungsreich.
In Harmonie das Innen und das Außen,
schwingt das Herzenswollen gleich,
erwirkt das Wesen Wunder,
aus der lichtvoll Tiefe
seines Seelenreichs.

Von Vergangenem träumt
des Herzens lieb Gefühlserinnerung.
Von Sonne, Licht und Meer,
von Lachen, Freude, Leichtigkeit.
Von Deiner Nähe Zärtlichkeit,
von tiefem Warm und Einigkeit.
Von Versprechen licht und pur,
von Träumen der Gemeinsamkeit.
Von heilen Zielen, Lichtprojekten,
von seelenschwangeren Visionen,
so reich wie Sterne da am Himmel,
Millionen.
Von Vergangenem träumt
des Herzens lieb Gefühlserinnerung,
von Dir mein Freund,
oh, Lichtgefährte.
Du meines Herzens zweite Hälfte,
Du meines Geistes goldnes Flügelpaar.
Bei Tag und Nacht
ersehn ich Deine liebe Stimme,
die zärtlich Worte Deines Atems.
Doch heim rief Dich der Engel Wahl,
nach Haus, in Himmelsseelengärten.
Allein blieb ich zurück,
doch nie verloren gingst du mir,
lebst in meines Herzens Tiefe weiter.
Und hier auf Erden wirke ich
lass unsere Träume wirklich werden,
Dir zu Ehren, mir zur Freud,
geliebter, unvergessner Freund!

Ein Tick und ein Tack,
ein Tack und ein Tick.
Was zeigt sie an
die Uhr meines Lebens,
Schmerz oder Glück.
Ein Tick und ein Tack,
ein Tack und ein Tick.
Wozu ruft er mich auf,
der Stundenschlag des Schicksals,
zu Lernen durch Leid
oder durch Erkenntnis so reich.
Ein Tick und ein Tack,
ein Tack und ein Tick.
Stetig rücken die Zeiger voran,
lassen Vergangenes sein,
Getanes getan.
Ein Tick und ein Tack,
ein Tack und ein Tick.
Ich mach mich bereit,
für den alles entscheidenden Sprung,
hinein in den Farbsee der Liebe.
So mitten hinein
in des Lebens reine Essenz.
Und ich tauche ein,
trink innig davon
und zeitlos ist plötzlich
mein Sein.

Auf rotgoldnen Schwingen
trägt der Sonne Herzensadler,
der Liebe holdes Wesen
hinauf in Lichtgefilde,
in Räume reinen Heils.
Lässt sie dort atmen, schweben
frei und wieder göttlich sein.
Und sie taucht ein,
in Wogen der Barmherzigkeit,
streift ab die Lasten, Bürden
der Dualen Zeit.
Sie breitet aus die Flügel
und schwanenweiß und rein,
erhebt ihr Herz sich
sehnsuchtsvoll empor,
zu Gottes lichten Thron
und tief berührt von
seines Herzens Ton,
lässt reine Gnade
sie gesunden.
Und auf der Sonne
Herzensadlerschwingen,
kehrt sie zurück
ins Erdenleben,
bereit, befähigt
sich allem wieder hinzugeben.

Und weiße Engelsschwingen,
geküsst vom Himmelsblau,
sinken herab
zu erwählen all jene
die Lichtgeborne sind.
Sie zu stärken, zu erinnern
sie zu erwecken, zu ermächtigen
heilvoll Liebende zu sein.
Und weiße Engelsschwingen,
verbrämt vom Gold der Sonne,
schweben herab,
zu vervollständigen
all jene die Lichtgeborne sind.
Sie zu initiieren, zu heilen
sie zu lieben, zu berühren,
zu erinnern heilvoll Liebende zu sein
in dieser heiligen Zeit
jetzt auf dieser Welt Erde.

Und kristallhelle Lichtblüten,
reinweiße Boten des Heils,
sinken tausendfach herab
auf der Erde Angesicht.
Verschmelzen mit den Herzen jener,
die begreifen, die verstehen.
Berühren all jene,
die erwachen, tief erkennen.
Zu segnen all jene,
die der Liebe Name mit Wort und Tat,
tief hingegeben an das Ziel,
in Wahrhaftigkeit benennen.
Und kristallhelle Lichtblüten,
reinweiße Boten des Heils,
sinken tausendfach herab
auf der Erde Angesicht.

Und Regenbogenlichter
fallen millionenfach
herab vom Firmament.
Samen der göttlichen Erweckung,
Präsente der Barmherzigkeit.
Und lichterfüllte Farbenströme
ergießen sich
hinein in alles Sein,
erlösend all die leidend Wesen.
Reinigen, klären, durchlichten,
wandeln und befreien,
Herzen, Seelen, Mensch und Tier.
Erweckend alle Schöpfung
in Friede und in Harmonie.
Und der freien Geister Schwingung,
hebt sich an
und in Erkenntnis neu vereint mit
Gottes heilem Ursprungsplan,
erwacht die Welt zu neuem Leben,
in Liebe und Wahrhaftigkeit.
So wie es von ihm dem Großen
in lichtreich Ordnung ist gemeint.

In samtig Schwarz gekleidet
ist das erhabne Firmament.
Bestickt, bestrahlt, veredelt
vom Schein Milliarden Sternenwesen,
die funkelnd Welten,
Muster formen.
Galaktische Manifestationen
der unbegreiflichen, allmächtigen
Schöpfung,
eingeflochten in Universen
der Unendlichkeit.

Magische Felder,
warm schimmernd in Perlmuttlicht,
schweben friedvoll
durch Zeit und Raum,
Lichtsterne der Liebe verschenkend.
Heilvolle Präsente
aus ihrem aurischen Feld,
schweben herab auf die Welt,
hinein in alles Leben
in Herzen und Seelen.
Und vertrauensvoll
atmen die Geschöpfe, die Wesen sie ein
erfahren tiefen Frieden, inniges Heil,
reine göttliche Kraft der Erlösung.
Befreiung legt sich über die
Länder und Reiche,
verströmt sich in alle Galaxien
und Erwachen tönt
als heilvoll erlösende Melodie
durch den Geist alles Seienden,
hallt machtvoll im Zentrum
der Schöpfungsquelle wider.

Des Schicksals Brandung
unerbittlich
Tosen, Brechen, Fordern,
erschüttert mein inneres Sein.
Entfacht heiße Feuer mir
im Zentrum meines Herzens,
bricht auf den Quell
der Schöpferin, die Ich bin.
Und unversiegbar ergießen sich
Wünsche, Hoffnungen, Ziele,
heilvolle Absichten,
lichtreiche Manifestationsenergien
stärkend, nährend,
keimend, erblühend,
heraus aus mir,
hinein in meines
Lebens heiligen Traum.

Und in jenen mystisch Nächten,
da der Blutmond die Himmel vergoldet,
erwachen die Wesen der anderen Welten,
zu neuem Wirken und Schaffen,
zu heilvollem Tun.
Und der Göttin edle Töchter
schwärmen aus zu ernten,
zu sammeln der heiligen Kräuter
Samen, Blätter und Wurzeln.
Und sie entfachen Feuer goldenhell,
aus der Eibe Holz,
der Hasel Ast und
harzigen Wacholdernadeln.
Düfte urältester Magie
wehen durch die Wälder
und Melodien der Weisheit
umtanzen schwerelos
der Hügel sattes Grün.
Und heilvoll Zauber umarmen das Land,
sowie der Wesen durstige Herzen,
schenken all den Geschöpfen
Geborgenheit,
Licht und Seelengenesen.

Und der Vergebung
erlösend Hauch,
weht Freiheit schenkend
durch Seelenräume mein.
Erhebt das Herz mir
und Lebenssinn so tief,
verwandelt, reinigt,
klärt mein Selbst,
mein ganzes Wesen.
Und gibt mich frei
für neues, heilvoll
Sein und Leben.

Und kalte Stürme rauschen
durch der einsam Nächte
finstren Hauch,
erfrieren Hoffnung,
Sinn und Werden
und meines Herzens Sehnsucht auch.
Erstarrt lieg ich in meinem kalten Grab
des Selbstvergessenseins,
gequält von dunklen Träumen
Leid und Einsamkeit.
Wo bist du
Licht des Lebens mein
wo Du meines Herzens
Freud und Wärme.
Was ist geschehn?
Wann wählte ich den falschen Weg?
Verrat und Lüge war mein Lohn
und deiner kalten Augen Hohn.
Es liegt an mir
zu treffen eine neue Wahl
es liegt an mir zu beenden
diese Schmach und Qual.
So wähl ich den
mit diesem Atemzug
den Weg der Wahrheit,
das Ja zu mir
erwache hier und jetzt heil
im Licht der Liebe zu mir Selbst.

Und Kinderlachen purzelt
glockenhell durch menschenleere Gassen,
kugelt kunterbunt
in innere, dunkle Räume,
kitzelt voll des Übermuts
die Orte der Angst und Mutlosigkeit.
Und Kinderlachen segelt
Regenbogenfarben durch der Herzen
quälend Einsamkeit,
jubelt freudehell
des Lebens kalte Hand hinweg.
Und Kinderlachen wirbelt
ungestüm durch
der verlorenen Hoffnung braches Land,
bemalt das Grau der Seelenschmerzen
mit all dem Licht des Sonnenscheins,
mit goldnen Sternenherzen.
Und Kinderlachen
frei und froh,
berührt, erweckt, erinnert
des Lebens freudvoll Schönheit.
Und Kinderlachen herzensrein
in Süße duftend so verheißungsvoll
führt uns in Liebe
und Vertrauen heim.

Der Seele reine Uressenz
genährt von höchster Macht
wandelt, wirkt, in Vielgestalt
durchbricht die dunkle Nacht
der Einsamkeit, der Leere,
erhellt mit Sinn den Geist
befähigt zu ermessen
des Lebens Auftrag, Ziel
des Menschseins Prüfungsspiel.
Lenkt durch des Schicksals
mannigfach Gezeiten
prüft und befindet
stets bereit das Wesen
in die Lichtgeburt,
das Erwachen
hin zum Eins-Sein
zu geleiten.

Und
Elfenwesen tanzen
in der Göttin Blütenhain
entfalten Freude, Lachen,
einfach Sein.
Verströmen Zauberfeenstaub
den gütgen Wesen
tief ins Herz hinein.
Berühren und erinnern
die herzoffnen Kinder
dieser Welt,
an Sinn und Wahrheit,
an Hoffnung, Liebe,
an ihren Auftrag
wahrhaftig Liebende
zu sein.

Tiefrote, Hellblaue
Orangegoldene und Zitronengelbe
Gefühlswölkchen
purzeln übermütig über den heißen Sand.
Amüsiert stolpere ich hinterher,
begierig sie zu erhaschen.
Muschelschalen und die Gischt des Ozeans
unter meinen lebenshungrigen Füssen
tragen mich vorwärts.
Eine Gefühlswölkchenjägerin bin ich,
gewillt sie mir alle einzuverleiben,
das tiefrot der Freude
genauso wie das hellblau der Leichtigkeit.
Das orangegold der Kreativität,
sowie das zitronengelb der Verwirklichung.
Mit lachendem Herzen
tanze ich mit ihnen über den Strand,
schwebe hinein ins lockende Meer,
umschwirrt, umhüllt, erfüllt und genährt
von meinen buntschimmernden Wölkchen.
Mit ihrer Besonderheit, ihrem Lachen,
der Unbeschwertheit ihrer Natur,
beschenken sie mich reich,
statten sie mich aus.
Bereit bin ich fürs freies Leben
und freudvoll vereint
führt die Reise uns in die Erfüllung.

So still der Wald
in seiner Ruhe,
verzaubernd rein
sein duftend Atemhauch
und Mutter Mondins Silberstrahlen
tanzen über Moos und Stein,
liebkosen sanft
der Bäume Herzen auch.
Sie seufzen auf
in tiefem Schlaf
und ihre Träume wehen
auf Zauberflügeln schimmernd fein
in Dörfer, Städte, Räume
berühren ruhend Seelen zart
verschmelzen mit der Gütgen Sinn
und leben neues Leben
sind Achtsamkeit und Weisheit
der Liebe tief Verstehen.

Im Verstehen
liegt der wahre Sinn,
im Annehmen dessen was ist
der heile Neubeginn.
Im Respektieren
der Liebe klaren Absicht,
Erfüllung und Akzeptanz.
In Toleranz und Achtung,
der Seele pures Sein
des Herzens achtsam Wille.

Goldne Sterne tanzend
im kristallnen Silberregen
des Schöpfungslichtes.
Eingewoben in den
ultimativen universellen Traum,
gebärend neue Welten, Galaxien
in der Unendlichkeit weiten
atmenden, lebendigen Raum.
Erschaffend Abbilder
der Seele Träume tief in mir,
Sehnsuchtsorte der Unsterblichkeit,
Lichtgenährte Erinnerungen
des freien Geistes
der Ich Bin,
geschaffen aus der Quelle
Allen Seins.
Erweckt, beauftragt, entsandt,
der Erde Kind,
der Liebe Licht zu sein.

Von Nebelfetzen grau und kalt,
Vergangenheitserinnerungen umweht,
führt sein Weg
tiefer in das vertraute Land hinein.
Behutsam setzt er Fuß vor Fuß,
auf dem steinig Grund.
Das Herz, die Seele, von Verrat so wund,
der Atem schwer, von unsichtbarer Last.
Gebückt, gekrümmt das junge Leben
von Enttäuschung tief geprägt.
Wo ist er geblieben
sein bunter, heiler Traum
vom erfüllten Leben.
Sein Geist verdunkelt, erfüllt von Leid
schleppt er sich über Pfade weit.
Der grüne lichtumrankte Hügel,
sein erwähltes Ziel,
sein Körper motiviert
durch das noch ungebrochene
Ich will.
Und die Nebel lichten sich,
der Sonne goldne Strahlen
funkelnd, kosend,
wärmen ihm das tränennasse Angesicht.
Und von Weitem leuchtet
strahlt und ruft verheißungsvoll
dass so inniglich ersehnte Ziel.
Mit letzter Kraft
erklimmt er den verschlungenen Pfad
hinan, die Hügelkuppe rauf,
erspäht der lichterfüllten Quelle
reinen sprudelnd Lauf.

Schluchzend sinkt er vor ihr nieder
streift den dunklen Mantel
von Schwere, Schmerz und Pein entschieden ab,
formt seine bebend Hände zu einer Schale
und trinkt
so durstig von dem kühlen, klaren Nass.
Und der Erlösung Balsam strömt
befreiend ihm durchs Herz,
schwemmt aus der Vergangenheit
Verbitterung, Leiden, Lasten, Schmerz.
Und er trinkt solange,
tief und viel
und wäscht sich frei von
all den falschen Wegen,
des Persönlichkeits Ich will.
Er reinigt, klärt sein wahres Selbst
befreit sich, von der Illusionen
trügerischen Macht.
Er trinkt voll Dankbarkeit
der heiligen Quelle reine Uressenz,
der freien Schöpfungsmächte heilen Sinn.
Erneuert sich,
vergibt sich selbst aus tiefstem Herzen.
Erwacht in seine Urnatur
sein göttlich reines Licht Ich Bin.

Und goldnes Kerzenfunkeln
tanzt tapfer in
samtschwarzer Finsternis.
Bannt mutig all die Schatten
die in dunklen Ecken lauern,
ihre krummen Finger recken,
des Albtraums quälend Mär erwecken.
Und goldnes Kerzenfunkeln
webt treu mir lichte Kreise.
Trotzt unermüdlich all der Schwärze
voll der Kälte, Zorn, erstarrtem Eise.
Und goldnes Kerzenfunkeln
durchbricht den Bann der mondlos Nacht.
Verströmt beharrlich Strahl um Strahl,
verwandelt all die angstgenährte Macht.
Erhellt der Seele Räume mein,
lädt Zuversicht,
der Hoffnung heilen Schein,
in mein Leben, in mein Sein
mein Denken, Atmen
Fühlen ein.
Ich danke dem Licht.

Im reinen Glitzerflaum des Morgentaus
erkennst Du sie,
der Elfen liebliche Gesichter.
Von Anmut still verklärt,
erhellt von goldnen Sonnenlichtern
erzählen sie von alten Weisen, Mären,
von tapferen, mutigen,
von Sinn und Heil
erfüllten menschlichen Gefährten.
Vom Lauf der Dinge,
den göttlichen Gesetzen,
von der Seelen Groß Erwachen,
dem Sinn, dem Ziel
und magischem Vergessen.
Sie erzählen Dir vom Ursprung der Zeit
und von verlorenem Wissen,
von der Trennung der Welten,
von letzten tränenreichen Küssen.
Sie erwecken, erinnern, berühren,
führen in vergessene Reiche,
zu Quellen all des heilen Wissens,
in gotterschaffene Bereiche.
Sie öffnen meine lichten Quellen
mit zierlich Zauberhand,
vereinen ihre magisch Kräfte
mit der reinen Seele mein.

Und gemeinsam
gehen wir Hand in Hand,
verzaubern Welten, Wesen.
Erfüllen die mit Heilkraft,
die leidend und vergessen.
Zusammen sind wir Lichtgeschwister,
des Himmels und der Erde.
Auf das es in und um uns
aufs neue heile werde.

So still der Wald in tiefer Ruh,
nur blaue Lichter tanzen,
wirbeln über Laub und Moos,
umkreisen freudetrunken,
Sternenkindern gleich,
das farngesäumte Ufer,
des magisch träumend Spiegelteichs.
Und Mutter Mondin
verschenkt ihr Strahlen,
silberfeinen Härchen gleich,
tastend, zart liebkosend
das Antlitz Vater Wassers Reich.
Und blaue Lichter schweben
auf Mutter Mondins Silberflaum,
hinunter in die Tiefe
zu erwecken lichtvoll Wesen,
zu brechen einen uralt Bann,
zu berühren, zu versöhnen,
des Alten Teiches reine Seele,
zu erlösen ihn aus dunklem Traum.
Und erstarrte Herzen stöhnen,
seufzen auf
und heile Werte wachsen,
befreien sich aus Fluch und magisch Zauber auch.
Erwachen strömt durchs Jetzt
der samtnen Nacht,
erhebt des Teiches lichtes Selbst
zu seiner heilen Ursprungsmacht.

Kartonverpackt in Dunkelheit,
meinungsgleich zurechtgestutzt,
der Sünde Kummerkind ist unser Sein.
Geprägt von Schuld und Angst,
der Selbstverleugnung Pein,
gequält von Herzensdurst und Dogmazwängen,
von der Lüge hässlich Haupt bedroht,
vegetieren wir dahin,
so aussichtslos erscheint die Not.
Doch irgendwo, gar tief in uns,
da gibt es Licht und heilen Sinn,
dort strömt der Wahrheit Quell,
nährend den Lichtsamen
der Ursprünglichkeit.
So wende Dich dem Schönen zu,
lass ab von der Dämonen bösem Spiel,
dem steten Drängen der Dunkelheit Ich will.
Halte inne, finde Raum in Dir,
spür dich selbst
und all das was Du wirklich brauchst.
So atme Wärme, Liebe
und des Vertrauens Balsam auch.
Erwache aus dem dunklen Traum
der Illusion,
des Schuld- und Schmerzgeprägten Seins.
Du entscheidest,
Dein Ich Bin ist gottgemacht.
Du wählst den Weg, die Qualität.
Deine Wahl, Dein Leben prägt.

Der Hoffnung lichtvoll Samen
verströmen ihre heilvoll Macht
auf allen Menschenwegen,
erinnern uns an wahre Werte,
der Liebe reichen Segen.
Und Hoffnungsblüten wachsen,
entfalten sich.
Schmückend, verwandelnd
der Erde schönes Angesicht.
Zum Segen der Wesen,
als Nahrung des Lichts,
als heilvoll Ton für alle
die sich erinnern und erkennen,
dass der Hoffnung Licht
uns alle lässt genesen.

Und all die Lastenberge
der Trauer, der Schuld,
der Ängste, der Wut,
bewirf sie mit Kugeln aus violettem Licht
und Du spürst loszulassen,
zu vergeben tut gut.
Und all die Lügen Deines Seins,
trag sie ans Meeresgestade,
bitte die Wesen der Tiefe
zu erlösen die Schwere, die Not.
Und all die zerbrochenen Träume
Deines Herzens,
füg sie zusammen
und lasse sie tanzen
in des Feuers gleissender Glut.
Und all die Enttäuschungen
nimm sie und wasche sie frei,
in des klaren Flusses rauschender Flut.
Und all die verwundeten Teile
Deiner Selbst,
sammle sie ein und trage sie
in den Garten Deiner Seele hinein.
Bring vertrauensvoll sie heim,
in den Hain der Erlösung.
Und der Liebe lichtvolles Sein
macht Dich wieder heil.

Und Sterne tanzen heile Pracht,
am samtblauen Himmel der Neumondnacht,
goldsilberne Punkte in der Unendlichkeit,
Lichtjahre der Ewigkeit
zwischen uns
und doch sind wir Eins,
verbunden im Atem der Göttlichkeit.
Wesen einer höheren Einheit
geformt aus Sternenstaub,
Lichtsamen einer magischen Schöpfung
die formt und gebiert,
Galaxien, Planeten, Wesen
und uns Menschenkinder doch auch.
Eingebunden in den urgöttlichen Plan
sind wir Lichtkeime der Liebe,
berufen authentisch zu sein.
Zu leben, zu lieben, zu achten
uns Selbst und jedes kleinste Sein.

Violette Glitzerbänder
silberhell an ihren Rändern,
winden sich in zarter Pracht
in meine Räume dunkler Nacht.
Entfachen heilvoll Helle
tief in meinen Schattenwelten,
tragen der Vergebung Heil
hinein in meinen Geist.
Violette Glitzerbänder
silberhell an ihren Rändern,
winden sich in lichter Pracht
in Herzensräume voller Pein
zu bergen mein verwundet Ich,
zu erlösen es von Schatten
kalter Einsamkeit,
von der enttäuschten Liebe tiefstem Leid.
Violette Glitzerbänder
silberhell an ihren Rändern,
tragen innig nun zu mir
der Höchsten Mutter Liebe, Gnade,
geborgen bin ich wieder tief in ihr.

Und zarte Klänge hauchen
durch die traumlos Nebelnacht.
Melodien der Feen,
tanzend mit der Göttin Macht
im Hain des Silberteichs,
am Rande der Grenze zum anderen Reich,
das vergessen von so Vielen
doch am Wirken im Geheimen
um Mensch und Erde und alle Wesen,
in Liebe wieder zu vereinen.
Und zarte Klänge wehen,
durch den träumend Buchenwald.
Verzaubern sanft mit ihren Weisen
der Bäume Seelen,
gütig, edel, so uralt.
Und Wonneseufzer wirbeln
durch die magisch Vollmondnacht.
Erzählen uns von Wundern die vollzogen,
von der Heilung die vollbracht.
Und zarte Klänge hauchen
durch die traumlos Nebelnacht.
Melodien der Feen
tanzend mit der Göttin Macht.
Erweckend tief der Seelen
lichtvoll Kraft,
zu erschaffen heil der Liebe Raum,
hier in unserm Erdentraum.

Voll Freude tanzt der Seele
lichtvoll Wirken
durch des Lebens Vielfaltwelten.
Inspiriert, erschafft, befähigt
all die Menschenwesen
so viel mehr zu sein als sie erahnen.
Ruft sie auf sich zu entfalten,
die Masken zu enttarnen.
Aus sich heraus
das Sein zu schaffen
das dem wahren Selbst entspricht.
Voll Freude schwingt der Seele lichtvoll Ton
durch des Geistes magisch Reiche.
Berührt das hungrig Herz
der Menschenwesen,
entfaltet Ziel um Ziel,
der Sehnsucht Hoffnung
der reinen Absicht heilvoll Kraft
so wirkungsreich.
In Harmonie
das Innen und das Außen
schwingt das Wollen gleich,
erschafft das Wesen
Wunder absichtsreich.
Und voll Freude singt
der Seele liebend Herz,
jubelt, dankt und würdigt ihr Berufensein.
Dir und mir und allem Leben
Vertrauen, Hoffnung, Licht zu geben.

Eine einsame Gestalt
vom Mondlicht versilbert,
die zarten Füße
vom Schaum der Gischt umspült.
Reglos verharrt sie,
die langen Haare
tanzende Gefährten des Winds,
ihr Wesen vom Atem des Verlustes umhüllt.
Die Arme erhoben,
flehend, bittend,
ihre schlanken Finger gleiten
über den schwarzsamtenen Himmel,
entlocken unhörbare Töne
der magischen Nacht.
Und sie wiegt sich
mit dem Wogen der Wellen,
ihr Kleid ein funkelnder Schleier
aus silberfarbenem Licht.
Und ihre kristallklare Stimme
die Stille durchbricht,
ihr Lied voll der Tränen
geboren aus dunkelstem Schmerz
erhebt sich blutend
voll der Sehnsucht nach Stillung
aus ihrem gebrochenen Mutterherz.

Verloren steht er,
zusammengesunken
und Tränen fließen
über sein gramerfülltes Gesicht.
Kraftlos sein Körper,
zerbrochen die Seele,
sein Lebensblut unaufhaltsam
in dunkelste Leere fließt.
Zersplittert das Herz
im Eishauch des schlimmsten Verrats,
ertrunken im Leid
unstillbaren Verlangens.
Sich selbst zu vergeben
dazu fehlt ihm der Mut.
Seine Sehnsucht ist sterben
dem Schmerz zu entfliehen
gegen sich Selbst richtet er
all seine Wut.
Und langsam hebt er
die bebenden Hände,
die Klinge sie glitzert
kalt, wie der lauernde Tod,
bereit zuzustoßen, zu erlösen
die quälende, brennende Not.
Da vernimmt er die Klänge,
hält bebend inne.
Das klagende Singen einer Gitarre,
tröstend, lockend,
verheißungsvoll schwingend,
bahnt sich einen Weg
in sein gebrochenes Herz.

Trägt mit sich all die Helle
den Zauber des Lebens.
Gebannt lauscht er,
lässt sinken die Klinge
und atmet sie ein
die heilenden Klänge,
die Melodie reiner Hoffnung
die lindernd, erlösend,
stillend sein Inneres erfüllt
und gleich einer
lebenbejahenden Brandung,
seine Seele, sein Wesen,
mit Heilung umhüllt.

Und Freude,
gleich bunt schimmernden Kieseln,
tanzt fröhlich über
des Gartens üppiges Blühen.
Geboren aus dem Lachen
der feiernden Menschen,
geformt aus zärtlichen Gesten,
aufrichtigen Wünschen
und glückvollem Tun.
Erschaffen aus Wertschätzung und Liebe,
genährt von der Geborgenheit
wärmenden Nähe,
getragen vom Klang
der uralten Lieder,
die die Wesen verbinden,
berühren, erwecken.
In ihren unsterblichen Seelen
ewiglich ruhn.

Vorüber der Sturm,
gebannt ist die Flut,
Stille kehrt ein
ich tief in mir ruh.
Vorüber die Angst,
erlöst von dem Leid,
ersteh ich jetzt neu,
im Hier und im Heut.
Doch Schatten noch wehen,
durch Räume in mir,
weiß nicht was sie bringen.
Kenn nur mein Ich will,
mein erwähltes Herzensziel.
Mein Hoffen, mein Sehnen
nach Frieden so wahr,
nach des Neubeginns Heil
nach Freundschaft so klar.
So lass mich gesunden
oh Hüter der Zeit,
bin jetzt für mein freies Ich bin,
mein neues Leben bereit.

Es tanzen die Herzen
voll Freud und Vertrauen,
im Lebensrhythmus
der neuen Zeit.
Es wissen die Seelen
sie können erschauen,
des Lichtes Pracht
und Herrlichkeit.
Es rufen die Wesen
die Alten, die Neuen,
zum Reigen der Barmherzigkeit.
Denn lieben und geben,
verstehen und heilen
offenbart die Schwingung
der Neuen Zeit.

Breite aus Deine Flügel,
durchwebe das Licht.
Sei offen im Herzen
hör´ Wahrheit es spricht.
Es spricht von der Liebe,
der allheilenden Macht,
von Trost und Vergebung
der Barmherzigkeit Kraft.

Im sinkenden Licht
der Abendsonne,
legen Schatten sich
über das Land.
Gleich wärmenden Decken
der Einkehr, des Rückzugs,
wird die Helle mit all ihren Verlockungen
behutsam gebannt.
So zieht sich das Leben zurück
um zu ruhen,
um still zu verdauen,
in Frieden zu sein.
Und Schatten wandern
durch Winkel und Gassen,
durch Leiber und Seelen.
Grau-schwarzen Lehrern gleich,
spiegeln sie Dir
die Lektionen des Schicksals,
zeigen auf den Weg der Vergebung
und fragen Dich still:
„Hast Du Deine Schatten, erkannt?"

Im Lernen und Wachsen,
im Wirken und Sein,
bist Du Dir Schöpfer,
mitunter so gross
dann wieder winzig und klein.
Deinem Wollen obliegt es,
wie Du Dein Leben erschaffst.
Ob Du Dich veredelst,
ob Du Dich bestrafst.
Erkenne das Höchste,
dass Dir wurde verliehn,
die Kraft zu erschaffen
Dein Sein und Dein Wie.
Nutze die Gaben
Deiner göttlichen Macht,
die Dich so begnaden
dass Du Wunder erschaffst.
Erkenne, bejahe
die Wahrheit der Seele,
Dein lichtvolles ICH BIN,
mit Verantwortungsklarheit,
mit heilvollem Sinn.
Du bist Freund Dir und Führer,
unversiegbarer Quell
im Herzen voll Liebe
in der Seele so hell.

Leicht ist mein Tanz
geliebtes Kind,
so frei mein Herz.
Auf Flammenzungen der Hoffnung,
schwebe ich durch Dein Sein.
Heile Ziele schenke ich Dir,
klares Wollen,
freies Ich bin.
Hüterin der Freiheit bin ich
das Licht der Liebe tief in Dir.
In Güte offenbare ich Dein Wesen,
zeige Dir Dein wahres Gesicht.
Leicht ist mein Tanz,
Lichterwählte,
heil, vollkommen und frei
bist du mit mir.

Tief blicke ich in Dein Herz hinein,
offenbare Deine Wunden.
Klar zeige ich Dir Deinen Weg,
unterstütze Dein Dich Selbst Erkunden.
Sanft nehme ich Dich an der Hand,
begleite Dein Erkennen
in das dunkle Innenland,
um Schatten zu benennen.
Mitfühlend ist mein Verstehen,
durchlichte Deine Leiden.
Vergebung ist mein Ziel,
erkenne Du den Sinn darin.
So bist Du bereit mein Kind,
in meiner Obhut
zu gesunden.

So sanft trag ich Dich,
über Meere weit und wild,
wohlgeborgen in meiner Wärme Atem,
selbst wenn der Stürme Toben
auf uns zielt.
Ich atme ein die Kraft des Friedens,
ich atme aus Geborgensein.
Umhülle Dich stets mit meiner Liebe,
gesegnet bist Du Menschenkind.
Genährt von der Muttergöttin liebreich Segen,
durchwandre ich Dein Lebensfeld.
Sorge innig für Dein Wachsen, Werden,
bin Schild und Schutz Dir,
Führerschaft,
bin Deiner Seele kühner Held.
So lehre ich Dich zu bestehen,
in Treue Deinen Weg zu gehen,
zu leben Deiner Wahrheit Kraft,
zu nutzen Deinen lichten Quell
der aus dem Herzen gebend,
Gelingen Dir und Wunder schafft.

Es tut so gut in mir zu ruhn,
voll Liebe mir zu geben,
in Achtsamkeit mein Ich zu leben.
In Treue mir ganz nah zu sein,
mich so zu schützen, heil zu nähren.
Es tut so gut in mir zu ruhn,
mir in Freude gut zu tun.

Und goldoranges Abendlicht
haucht zärtlich Wärme mir ins Herz.
So sanft,
behutsam löst aus mir
sich all der Schmerz.
Lässt weichen meiner Seele kalten Traum,
gibt frei das zarte Licht
des Heilvollen Geborgenseins,
meines Wesens Güte
neuen Raum.
Ich atme auf und ein
der Leichtigkeit
so schwerelosen Kuss.
Und Flügel weiss und weit
wachsen aus dem Herzen mein,
so froh, so freudreich bereit
seit Anbeginn der Zeit
still mir zugedacht
ein Kind der Liebe stets zu sein.

Und Mutter Mond
das Schwarz des Himmels klärt.
Und Sternenkinder milliardenfach
schmücken das samtschwarze
Kleid der Nacht.
Und Welten wirbeln
durch die Ewigkeit,
vom Atemhauch der Schöpfung
sanft getragen.
Und ich so klein,
steh staunend hier auf Erden
überwältigt,
tief berührt
von all dem Wachsen, Wirken, Werden.
Und ich so klein
ein Teil davon,
ein Samenkind
der Schöpfungskraft,
geboren um das Licht zu mehren,
beauftragt
der Hoffnung Stimme hier zu sein.

Kurzvita

„Fabijenna Lord"
Brigitta Manuela Baumann
Künstlerin & Channel & Visionärin
Herzenspoetin & Weltenkind

Ich vermittle kreative Selbsterfahrung und
Entfaltung durch Kosmobiologie, systemische
Ordnungen, Lichtcoaching und Malerei.
Meine Hingabe an das Leben fasse ich in Worte in
Form von Gedichten und heilvollen,
sinnhaften Geschichten und Märchen.
Meine Herz schlägt für die Natur und ihre Wesen
und für die Unterstützung von Menschen
in schwierigen Lebenssituationen.
Mein Anliegen ist es stets das Heilvolle, das Gute,
das Stärkende zu finden,
dies kommt auch in meinen Geschichten
und Gedichten zum Ausdruck, denn alles
hat seinen Sinn,
auch wenn es uns noch so schmerzt.
Das Leben sollte uns nicht zerbrechen sondern
reifen und erblühen lassen.

Gedichtbände & Bücher
von Brigitta Manuela Baumann/Fabijenna Lord

Lieder der Seele
ISBN: 9783839155202

Kinder des Lichtes I
spirituelle Gedichte
Erinnerungen für die Seele
ISBN: 9783839193068

Erwachen
spirituelle Gedichte - Wegweiser der Neuen Zeit
ISBN: 978383918516

Zauber der Natur - Wunder der Schöpfung
Fotogedichtband
ISBN: 9783839189306

Der Welten Wunder schaun
Fotogedichtband
ISBN: 9783842306615

Vom Wunder der Liebe
Liebeslyrik
ISBN: 9783842325111

Lebenswege
Poesie über die Vielfalt des Lebens
ISBN: 9783752817126

Frühling ists wieder
Oden an den Frühling
ISBN: 9783842355705

Von Feen, Elfen, Hüterwesen
Gedichte aus den anderen Welten
ISBN: 9783842371040

Von Elfen, Träumen und Inneren Räumen
Gedichte für die Seele
ISBN: 9783844807219

ICH BIN Quellen des Lichtes
lichtvolle Geschenke aus dem Herzen
der Erzengel Gabriel & Raphael
Anwendungs- & Orakelbuch mit Kartendeck
ISBN: 9783839173442

Geschichten der Hoffnung
Seelenmärchen für die Erwachten
ISBN:9783848219483

Vom Leben
Wahre und wunderbare Geschichten
die das Leben schrieb
ISBN: 9783848220274

Bunte Freude LEBEN
Poesie des Seins
ISBN: 9783752669480